금강경 한문한글 사경

우룡큰스님·김현준 편역

효림

우룡雨龍 큰스님

1947년 해인사에서 고봉스님을 은사로 출가. 해인사 등 전국 여러 강원의 강사를 역임하였으며, 통도사 극락선원, 수덕사 능인선원 등의 제방선원에서 수선안거하였다. 현재 경주 함월사 조실로 계시면서 후학을 지도하고, 불자들의 불심을 깨우쳐 주고 계신다. 저서로는 『생활 속의 금강경』 등 10여종이 있다.

김현준 金鉉埈

평생을 불교 수행·포교·연구에 몰두하였으며, 현재 불교신행연구원 원장, 월간 「법공양」 발행인 및 편집인, 효림출판사와 새벽숲출판사의 주필 및 고문으로 활동하고 있다. 저서로는 『그래서 인연입니다』『생활 속의 반야심경』 등 40여종과 불자들의 신행을 돕는 사경집 20여종, 『법화경』 등 번역서 10여종이 있다.

금강경 한문·한글 사경

초　판　1쇄 펴낸날 2012년　3월　4일(18쇄 발행)
개정판　1쇄 펴낸날 2026년　1월　3일

편역자　우룡큰스님 · 김현준
펴낸이　김연수

펴낸곳　새벽숲
등록일　2009년 12월 28일 (제321-2009-000242호)
주　소　서울특별시 서초구 반포대로14길 30, 906호 (서초동, 센츄리I)
전　화　02-582-6612, 587-6612
팩　스　02-586-9078
이메일　hyorim@nate.com

값 4,000원

ⓒ 새벽숲 2026
ISBN　979-11-87459-16-3　03220

차 례

· 금강경 사경과 영험

　사경은 기도와 수행의 한 방법이며, 우리의 삶을 밝은 쪽으로 바른쪽으로 행복한 쪽으로 나아가게 하는 거룩한 불사입니다. 금강경을 써보십시오. 마음공부 하는 불자들이 믿고 의지하는 금강경을 눈으로 보고 입으로 외우고 손으로 쓰고 마음에 새기는 사경기도를 하면 참으로 무량한 공덕이 생겨납니다.

　더욱이 금강경은 상相을 비우고 마음을 비워, 무량한 복덕을 갖춘 원래의 자리로 돌아가게 만드는 대승경전이기 때문에, 이 경전을 사경하고 독경하여 그 뜻을 나의 것으로 만들면 한량없는 가피가 저절로 찾아들어, 업장 참회는 물론이요 쉽게 소원성취를 할 수 있습니다.

　특히 다음과 같은 원의 성취를 바란다면 금강경 사경을 해 보십시오.

· 쾌락하고 청량한 삶을 이루고자 할 때

· 평화로움과 복되고 안정된 삶을 원할 때

· 불법 속에서 흔들림 없는 믿음을 얻고 크게 향상하고자 할 때

· 세세생생 훌륭한 선지식을 만나 불법을 잘 배우고자 할 때

· 부처님의 법문을 통달하고 참다운 법공양을 하고자 할 때

· 불보살님의 가피 속에서 업장을 녹이고 소원들을 이루고자 할 때

· 각종 시험의 합격과 높은 자리로 승진되기를 바랄 때

· 가정의 평화를 이루고 자리이타의 삶을 원할 때

· 부모 및 친척 영가의 극락왕생을 기원할 때

　이 밖에도 금강경 사경의 영험은 이루 다 말할 수 없습니다.

· 금강경 사경의 순서

1. 경문을 쓰기 전에

① 먼저 3배를 올린 다음 금강경 사경집을 펼치고 기본적인 축원부터 세 번씩 합니다.

"시방세계에 충만하신 불보살님이시여, 세세생생 지은 죄업 모두 참회합니다.
이제 금강경을 사경하는 공덕을 선망조상과 일체중생의 행복을 위해 바칩니다.
아울러 저와 저희 가족 모두가 늘 건강하옵고, 하는 일들이 다 순탄하여지이다." (3번)

② 이렇게 기본적인 축원을 세 번 한 다음, 꼭 성취되기를 바라는 심중의 소원이 있으면 함께 세 번씩 축원하십시오. 이 경우, 간결하면서도 구체적인 소원들을 문장으로 만들어 9페이지의 '금강경 사경기도 발원문'난에 써놓고, 사경하기 전과 사경을 마친 다음 축원을 하면 좋습니다. 이때의 축원은 어떠한 것이라도 좋습니다. 꼭 이루어졌으면 하는 소원들을 불보살님께 솔직하게 바치면 됩니다.

③ 축원을 한 다음 개경게와 「개법장진언」 '옴 아라남 아라다'를 세 번 염송하고, 이어 '나무금강반야바라밀경'을 세 번 외우고 사경을 시작하면 됩니다.

2. 경문을 쓸 때

① 금강경 본문을 사경할 때는 원래 부처님께서 설하신 경문만을 쓰고,
진한 글씨로 쓴 부분, 즉 분류의 편의를 위해 표기한 32분分의 소제
목(예:법회인유분 제일, 선현기청분 제이 등)과 한문의 토(예:하사오
니, 에, 이 등), 한문 위의 한글은 쓰지 않습니다.

② 사경을 할 때 바탕 글씨와 똑같은 글자체로 쓰려고 애를 쓰는 분이 있
는데, 꼭 그렇게 쓸 필요는 없습니다. 바탕 글씨를 크게 벗어나지 않
는 범위 내에서 자기 필체로 쓰면 됩니다.

③ 사경을 하다가 특별히 마음에 와닿는 구절이 있거나 새기고 싶은 내
용이 있으면 다시 한번 읽으면서 사색에 잠기는 것도 좋습니다. 이렇
게 사경을 하게 되면 금강경의 내용이 보다 빨리 '나'의 것이 되고 신
심이 샘 솟아, 무량공덕이 저절로 쌓이게 됩니다.
그리고 그날 해야 할 사경을 마쳤으면 다시 스스로가 만든 '금강경
사경기도 발원문'을 읽고 3배를 드린 다음 끝을 맺습니다.

· 사경 기간 및 횟수

① 이 사경집은 금강경을 두 번 쓸 수 있도록 엮었습니다. 만약 아주 간
략한 소원이라면 열 번 이내의 사경으로 족하겠지만, 20번 이상의 사
경을 기본 단위로 삼고 있습니다. 그리고 지중한 원이 있을 때는 1백
번 또는 108번을 사경하는 것도 좋습니다.
그리고 즐겨 권하고 싶은 횟수는 이 사경집 10책 분량인 10번입니다.

② 인쇄된 글씨 위에 억지로 덧입히며 쓰지 않고 자기 필체로 쓰게 되면

한 페이지에 보통 5분~7분 정도 걸리며, 하루 만에 금강경 한 권을 다 쓰려면 7~10시간이 소요됩니다.

만약 기도할 시간이 넉넉하지 않아 한 시간 정도에서 끝마치고자 한다면 10일로 나누어서 사경을 하되,

첫날은 제1분~제4분, 둘째 날은 제5분~제7분,

셋째 날은 제8분~제10분, 넷째 날은 제11분~제13분,

다섯째 날은 제14분, 여섯째 날은 제15분~제16분,

일곱째 날은 제17분, 여덟째 날은 제18분~제21분

아홉째 날은 제22분~제27분, 열째 날은 제28분~제32분까지

나누어서 쓰는 것도 한 방법입니다.

이 경우 사경기도는 1시간이면 충분하며, 이렇게 금강경을 20번 쓰면 총 1백 일이 걸립니다.

③ 매일 쓰다가 부득이한 일이 발생하여 못 쓰게 될 경우가 있습니다. 그때는 꼭 부처님께 못 쓰게 된 사정을 고하여 마음속으로 '다음 날 또는 사경 기간을 하루 더 연장하여 반드시 쓰겠다'고 약속하면 됩니다.

※ 사경을 할 때는 1B 또는 2B 정도의 진한 연필(샤프)이나 볼펜 또는 가는 수성펜 등으로 쓰는 것이 좋습니다.

깊은 믿음으로 환희심을 품고 금강경 사경을 하면 대우주 법계에 가득한 부처님의 가피를 입어, 소원을 원만하게 성취함은 물론이요 크나큰 향상과 깨달음이 함께 한다고 하였습니다. 여법히 잘 사경하시기를 두 손 모아 축원드립니다. 나무금강반야바라밀경.

금강경 사경기도 발원문

개경게 開經偈

가장높고 심히깊은 부처님법문 　無上甚深微妙法 (무상심심미묘법)
백천만겁 지나간들 어찌만나리 　百千萬劫難遭遇 (백천만겁난조우)
저희이제 보고듣고 받아지녀서 　我今聞見得受持 (아금문견득수지)
부처님의 진실한뜻 깨치오리다 　願解如來眞實意 (원해여래진실의)

개법장진언 開法藏眞言

옴 아라남 아라다 (3번)

나무금강반야바라밀경 (3번)

金剛般若波羅蜜經
금강반야바라밀경

法會因由分법회인유분　제일

如是我聞하사오니

一時에佛이在舍衛國祇樹給孤獨園하사與

大比丘衆千二百五十人과俱러시니

　이와 같이 나는 들었다.

　어느 때 부처님께서는 사위국의 기수급
고독원에서 천이백오십 인의 큰비구 제자
들과 함께 계시었다.

爾時에世尊이食時에着衣持鉢하시고入舍衛

大城하사乞食하시되於其城中에次第乞已하시고

還至本處하사飯食訖하시고收衣鉢하시며洗足

已_{하시고} 敷座而坐_{하시다}

　이날도 세존께서는 공양시간이 되자 가
사를 입으신 뒤 바루를 들고 사위성으로
나아가, 한 집 한 집 차례대로 밥을 빌어 마
치시고 본처로 돌아와 공양을 하시었다.
그리고 가사와 바루를 제자리에 정돈해 놓
으시고 발을 씻은 다음 자리를 펴고 앉으
셨다.

善現起請分선현기청분　제이

時_에 長老須菩提ㅡ 在大衆中_{하시다가} 卽從座
起_{하사} 偏袒右肩_{하시며} 右膝着地_{하시고} 合掌恭
敬_{하사와} 而白佛言_{하사대}

　그때 장로 수보리가 대중과 함께 있다가
자리에서 일어나, 오른쪽 어깨를 드러내고
오른쪽 무릎을 꿇고 합장하여 부처님께 아

뢰었다.

希有世尊_하如來 – 善護念諸菩薩_{하시며}善
付囑諸菩薩_{하시나니}
世尊_하善男子善女人_이發阿耨多羅三藐
三菩提心_{하노니}應云何住_며云何降伏其
心_{하리닛고}

"희유하옵니다, 세존이시여. 여래께서는 언제나 보살들을 잘 보살펴 주시고 보살들에게 잘 당부를 하십니다.

세존이시여, 선남자선여인들이 아뇩다라삼먁삼보리심을 발한 다음, 마땅히 어떻게 그 마음을 유지하여야 하며, 어떻게 그 마음을 항복받아야 하나이까?"

佛言_{하사대}善哉善哉_라須菩提_야如汝所説_{하야}

如來ᐨ善護念諸菩薩하시며善付囑諸菩薩하시나니汝今諦聽하라當爲汝說하리라

부처님께서 이르셨다.

"착하고 착하구나, 수보리야. 네 말과 같이 여래는 보살들을 잘 보살펴주고, 보살들에게 잘 당부를 하느니라. 너희는 이제 자세히 들으라. 마땅히 너희를 위해 설해주리라.

善男子善女人이 發阿耨多羅三藐三菩提心한다하여 應如是住하며 如是降伏其心이니라
唯然世尊하 願樂欲聞하노이다

선남자선여인이 아뇩다라삼먁삼보리심을 낸 다음에는 마땅히 이와 같이 그 마음을 유지하고, 이와 같이 그 마음을 항복받아야 하느니라."

"예, 세존이시여. 원컨대 기쁜 마음으로 듣고자 하옵니다."

大乘正宗分대승정종분 제삼

佛告須菩提하사대

諸菩薩摩訶薩이 應如是降伏其心이니 所有一切衆生之類 － 若卵生 若胎生 若濕生 若化生 若有色 若無色 若有想 若無想 若非有想非無想을 我皆令入無餘涅槃하야 而滅度之하니라

부처님께서 수보리에게 이르셨다.

"모든 보살마하살들은 마땅히 이와 같이 그 마음을 항복받아야 하나니, 이른바 온갖 중생들, 곧 난생·태생·습생·화생의 중생과, 형태가 있는 중생·형태가 없는 중생·생각이 있는 중생·생각이 없는 중생·

생각이 있는 것도 아니요 생각이 없는 것도
아닌 중생, 모두를 나는 무여열반에 들게
하여 제도하느니라.

여 시 멸 도 무 량 무 수 무 변 중 생　　실 무 중
如是滅度無量無數無邊衆生호대 實無衆
생　득 멸 도 자　라 하 이 고　오 수 보 리 야 약 보
生이 得滅度者라 何以故오 須菩提야 若菩
살 유 아 상 인 상 중 생 상 수 자 상　　즉 비 보
薩이 有我相人相衆生相壽者相하면 卽非菩
살
薩이니라

　　이와 같이 한량없고 수도 없고 끝이 없는
중생을 제도하지만, 실로 제도를 받은 중
생은 없느니라. 왜냐하면 수보리야, 만약
보살에게 아상·인상·중생상·수자상이
있으면 곧 보살이 아니기 때문이니라."

妙行無住分묘행무주분　제사
부 차 수 보 리　야 보 살　이 어 법　에 응 무 소 주
復次須菩提야 菩薩이 於法에 應無所住하야

행어보시 소위부주색보시 부주성향
行於布施니 所謂不住色布施며 不住聲香
미촉법보시
味觸法布施니라

　"또 수보리야, 보살은 마땅히 그 어디에도 머무는 바 없이 보시를 해야 하나니, 색에 머물지 않고 보시를 해야 하며, 소리나 냄새나 맛이나 감촉이나 법에 머물지 않고 보시를 해야 하느니라.

수보리 보살 응여시보시 부주어
須菩提야 菩薩이 應如是布施하야 不住於
상 하이고 약보살 부주상보시 기
相이니 何以故오 若菩薩이 不住相布施하면 其
복덕 불가사량
福德이 不可思量이니라

　수보리야, 보살은 마땅히 이와 같이 보시하여 상에 머물지 않아야 하느니라. 왜냐하면 보살이 상에 집착하지 않고 보시를 하면, 그 복덕이 가히 헤아릴 수 없을 만큼 크기 때문이니라.

^{수 보 리} ^{어 의 운 하} ^{동 방 허 공} ^{가 사 량 부}
須菩提야 於意云何오 東方虛空을 可思量不아

수보리야, 네 생각은 어떠하냐? 동쪽 허공의 크기를 가히 헤아릴 수 있겠느냐?"

^{불 야} ^{세 존}
不也니이다 世尊하

"헤아릴 수 없나이다, 세존이시여."

^{수 보 리} ^{남 서 북 방 사 유 상 하 허 공} ^{가 사}
須菩提야 南西北方四維上下虛空을 可思
^{량 부}
量不아

"수보리야, 남쪽·서쪽·북쪽의 허공과 동남·서남·동북·서북쪽과 위·아래 허공의 크기를 가히 헤아릴 수 있겠느냐?"

^{불 야} ^{세 존}
不也니이다 世尊하

"헤아릴 수 없나이다, 세존이시여."

^{수 보 리} ^{보 살} ^{무 주 상 보 시 복 덕} ^{역 부}
須菩提야 菩薩의 無住相布施福德도 亦復

如是하야 不可思量이니라 須菩提야 菩薩-但
應如所敎住니라

"수보리야, 보살이 상에 집착함이 없이 베푸는 무주상보시의 복덕 또한 이와 같아서, 가히 헤아릴 수 없느니라. 그러므로 수보리야, 보살은 마땅히 지금 내가 가르쳐 준 대로 마음을 유지하여야 하느니라."

如理實見分여리실견분 제오

須菩提야 於意云何오 可以身相으로 見如來不아

"수보리야, 네 생각은 어떠하냐? 가히 신상(몸의 겉모습)으로써 여래를 볼 수 있겠느냐?"

不也니이다 世尊하 不可以身相으로 得見如來니 何以故오 如來所說身相은 卽非身相이니이다

"아니옵니다, 세존이시여. 신상으로는 여래를 볼 수 없나이다. 왜냐하면 여래께서 설하시는 신상은 곧 신상이 아니기 때문입니다."

불 고 수 보 리
佛告須菩提하사대

부처님께서 수보리에게 이르셨다.

범 소 유 상   개 시 허 망
凡所有相이 皆是虛妄하나니
약 견 제 상 비 상   즉 견 여 래
若見諸相非相이면 卽見如來니라

무릇 있는 바 상은
다 허망된 것이니
만약 모든 상이 상 아님을 보면
곧 여래를 보게 되느니라

正信希有分정신희유분 제육
수 보 리   백 불 언
須菩提－白佛言하사대

수보리가 부처님께 아뢰었다.

世_세尊_존하 頗_파有_유衆_중生_생이 得_득聞_문如_여是_시言_언說_설章_장句_구하옵고
生_생實_실信_신不_부니잇가

"세존이시여, 자못 어떤 중생이 이와 같은 말씀이나 글귀를 보고 진실한 믿음을 낼 수 있겠나이까?"

佛_불告_고須_수菩_보提_리하사대

부처님께서 수보리에게 이르셨다.

莫_막作_작是_시說_설하라 如_여來_래滅_멸後_후─後_후五_오百_백歲_세에 有_유
持_지戒_계修_수福_복者_자─於_어此_차章_장句_구에 能_능生_생信_신心_심하야
以_이此_차爲_위實_실하리니 當_당知_지─是_시人_인은 不_불於_어一_일佛_불二_이
佛_불三_삼四_사五_오佛_불에 而_이種_종善_선根_근이라 已_이於_어無_무量_량千_천
萬_만佛_불所_소에 種_종諸_제善_선根_근하야 聞_문是_시章_장句_구하고 乃_내至_지

<ruby>一念生淨信者<rt>일념생정신자</rt></ruby>니라

"그러한 말을 하지 말라. 여래가 열반에 든 뒤의 후오백세에도, 계를 지키고 복을 닦는 이는 이 가르침에 대해 능히 신심을 내고 이를 진실로 삼으리니, 마땅히 알아라. 이 사람은 한 부처님이나 두 부처님, 셋·넷·다섯 부처님께만 선근을 심은 것이 아니라, 이미 한량이 없는 천만 부처님께 온갖 선근을 심었으므로, 이 가르침을 듣고 한 생각에 깨끗한 믿음을 내느니라.

<ruby>須菩提<rt>수보리</rt></ruby>야 <ruby>如來<rt>여래</rt></ruby>— <ruby>悉知悉見<rt>실지실견</rt></ruby>하노니 <ruby>是諸衆生<rt>시제중생</rt></ruby>이 <ruby>得如是無量福德<rt>득여시무량복덕</rt></ruby>이니라 <ruby>何以故<rt>하이고</rt></ruby>오 <ruby>是諸衆生<rt>시제중생</rt></ruby>이 <ruby>無復我相人相衆生相壽者相<rt>무부아상인상중생상수자상</rt></ruby>하며 <ruby>無法相<rt>무법상</rt></ruby>하며 <ruby>亦無非法相<rt>역무비법상</rt></ruby>이니라

수보리야, 여래는 이러한 중생들이 한량

없는 복덕을 얻음을 다 알고 다 보시느니라. 왜냐하면 이 중생들에게 다시는 아상·인상·중생상·수자상이 없으며, 법상(법이라는 생각)도 없고, 비법상(법이 아니라는 생각)도 없기 때문이니라.

何_하以_이故_고오 是_시諸_제衆_중生_생이 若_약心_심取_취相_상하면 卽_즉爲_위着_착
我_아人_인衆_중生_생壽_수者_자니 若_약取_취法_법相_상이라도 卽_즉着_착我_아人_인
衆_중生_생壽_수者_자며 何_하以_이故_고오 若_약取_취非_비法_법相_상이라도 卽_즉
着_착我_아人_인衆_중生_생壽_수者_자니라 是_시故_고로 不_불應_응取_취法_법이며
不_불應_응取_취非_비法_법이니

그러므로 마땅히 법도 취하지 말고 비법도
취하지 말지니라.

以是義故로 如來－常説호대 汝等比丘－知
我説法을 如筏喩者라하노니 法尚應捨어던 何
況非法이랴

　이러한 까닭에 여래는 항상 '비구들이여,
너희는 내가 설한 법을 뗏목처럼 여겨야 한
다'고 말한 것이다. 이렇게 법도 오히려 놓
아버려야 하거늘, 하물며 법 아닌 것이랴."

無得無説分 무득무설분　제칠

須菩提야 於意云何오 如來得阿耨多羅三
藐三菩提耶아 如來有所説法耶아

　"수보리야, 네 생각은 어떠하냐? 여래가
'아뇩다라삼먁삼보리를 얻었다'고 생각하

느냐? 여래가 '설한 바 법이 있다'고 생각
하느냐?"

須菩提言_{하사대}如我解佛所說義_{컨댄}無有
定法名阿耨多羅三藐三菩提_며亦無有
定法如來可說_{이니}何以故_오如來所說法
_은皆不可取_며不可說_{이며}非法_{이며}非非法_{이니}
所以者何_오一切賢聖_이皆以無爲法_{으로}而
有差別_{이니이다}

수보리가 아뢰었다.

"제가 부처님께서 설하신 바의 뜻을 알기
로는, 아뇩다라삼먁삼보리라고 이름할 만
한 정해진 법이 없으며, 여래께서 설하시는
정해진 법 또한 없나이다. 왜냐하면 여래께
서 설하시는 법은 가히 다 취할 수도 없고
가히 다 말할 수도 없으며, 법도 아니요 비

법도 아니기 때문입니다. 그 까닭은 모든 현성이 다 무위법으로써 차별을 삼기 때문입니다."

依法出生分의법출생분 제팔

須菩提야 於意云何오 若人이 滿三千大千
世界七寶로 以用布施하면 是人의 所得福德이
寧爲多不아

"수보리야, 네 생각은 어떠하냐? 어떤 사람이 일곱 가지 보배로써 삼천대천세계에 가득 찰 만큼의 보시를 하였다면, 이 사람의 얻는 바 복덕은 얼마나 많겠느냐?"

須菩提言하사대 甚多니이다 世尊하 何以故오 是
福德이 卽非福德性일새 是故로 如來說福德
多니이다

수보리가 아뢰었다.

"매우 많겠나이다, 세존이시여. 왜냐하면 이 복덕은 곧 복덕성이 아니기 때문에, 여래께서는 복덕이 많다고 설하시옵니다."

若復有人이 於此經中에 受持乃至四句偈
等하야 爲他人說하면 其福이 勝彼하리니 何以故오
須菩提야 一切諸佛과 及諸佛─阿耨多羅
三藐三菩提法이 皆從此經出이니 須菩提야
所謂佛法者는 即非佛法이니라

"만약 어떤 사람이 이 경 가운데의 사구게 등을 받아지녀서 남을 위하여 설해 준다면, 그 복덕은 앞에서 말한 복덕보다 훨씬 더 뛰어나니라. 왜냐하면 수보리야, 모든 부처님과 모든 부처님의 아뇩다라삼먁삼보리법이 모두 이 경전에서 나온 때문이니,

수보리야, 이른바 불법이라 하는 것은 곧 불법이 아니니라."

一相無相分일상무상분 제구

須菩提야 於意云何오 須陀洹이 能作是念하
我得須陀洹果不아

"수보리야, 네 생각은 어떠하냐? 수다원이 스스로 생각하기를, '나는 수다원과를 얻었노라'고 하겠느냐?"

須菩提言하사대 不也니이다 世尊하 何以故오 須
陀洹은 名爲入流로대 而無所入이니 不入色
聲香味觸法일새 是名須陀洹이니이다

수보리가 아뢰었다.
"아니옵니다, 세존이시여. 왜냐하면 수다원을 이름하여 입류라고 하지만 들어간 바가 없으니, 색성향미촉법에 들어가지 않으므로 수다원이라 이름하옵니다."

須菩提야 於意云何오 斯陀含이 能作是念호대
我得斯陀含果不아

"수보리야, 네 생각은 어떠하냐? 사다함이 스스로 생각하기를, '나는 사다함과를 얻었노라'고 하겠느냐?"

須菩提言하사대 不也니이다 世尊하 何以故오 斯陀含은 名一往來로대 而實無往來일새 是名斯陀含이니이다

수보리가 아뢰었다.

"아니옵니다, 세존이시여. 왜냐하면 사다함을 이름하여 일왕래라 하지만, 실로 가고 옴이 없으므로 사다함이라 이름하옵니다."

須菩提_야 於意云何_오 阿那含_이 能作是念_{호대}
我得阿那含果不_아

"수보리야, 네 생각은 어떠하냐? 아나함
이 스스로 생각하기를, '나는 아나함과를
얻었노라'고 하겠느냐?"

須菩提言_{하사대} 不也_{니이다} 世尊_하 何以故_오阿
那含_은 名爲不來_{로대} 而實無不來_{일새} 是故_로
名阿那含_{이니이다}

수보리가 아뢰었다.
"아니옵니다, 세존이시여. 왜냐하면 아나
함을 이름하여 불래라고 하지만, 실로 오
지 않음이 없으므로 아나함이라 이름하옵
니다."

須菩提_야 於意云何_오 阿羅漢_이 能作是念_{호대}

我_아得_득阿_아羅_라漢_한道_도不_부아

"수보리야, 네 생각은 어떠하냐? 아라한이 스스로 생각하기를, '나는 아라한도를 얻었노라'고 하겠느냐?"

須_수菩_보提_리言_언하사대 不_불也_야니이다 世_세尊_존하 何_하以_이故_고오 實_실 無_무有_유法_법이 名_명阿_아羅_라漢_한이니 世_세尊_존하 若_약阿_아羅_라漢_한이 作_작是_시念_념하대 我_아得_득阿_아羅_라漢_한道_도라하면 卽_즉爲_위着_착我_아 人_인衆_중生_생壽_수者_자니이다

수보리가 아뢰었다.

"아니옵니다, 세존이시여. 왜냐하면 실로 아라한이라 이름할 법이 없기 때문입니다. 세존이시여, 만약 아라한이 스스로 생각하기를, '나는 아라한도를 얻었노라'고 하면, 그것은 곧 아상·인상·중생상·수자상에 집착함입니다.

世^세尊^존하 佛^불説^설我^아得^득無^무諍^쟁三^삼昧^매人^인中^중ㅡ 最^최爲^위
第^제一^일이라 是^시第^제一^일離^이欲^욕阿^아羅^라漢^한이라하시나 世^세尊^존하
我^아不^부作^작是^시念^념하대 我^아是^시離^이欲^욕阿^아羅^라漢^한이라하노이다

세존이시여, 부처님께서는 저를 '무쟁삼
매를 얻은 사람들 중에 최고요 욕심을 떠
난 제일의 아라한'이라고 하시지만, 제 스
스로는 '내가 욕심을 떠난 아라한'이라는
생각을 하지 않나이다.

世^세尊^존하 我^아若^약作^작是^시念^념하대 我^아得^득阿^아羅^라漢^한道^도라하면
世^세尊^존이 即^즉不^불説^설須^수菩^보提^리ㅡ 是^시樂^요阿^아蘭^란那^나行^행
者^자라하시려니와 以^이須^수菩^보提^리가 實^실無^무所^소行^행일새 而^이名^명
須^수菩^보提^리가 是^시樂^요阿^아蘭^란那^나行^행이라하시나이다

세존이시여, 제가 만약 '나는 아라한도를
얻었다'고 생각한다면, 세존께서 '수보리는

아란나행을 즐기는 이'라고 말씀하지 않을
것이나, 수보리가 실로 행하는 바가 없기
때문에 '수보리는 아란나행을 즐기는 이'라
고 말씀하시나이다."

莊嚴淨土分 장엄정토분 제십

佛告須菩提하사대

　　부처님께서 수보리에게 이르셨다.

於意云何오 如來 昔在燃燈佛所하야 於法에
有所得不아

　　"네 생각은 어떠하냐? 그 옛날에 여래가
연등불의 처소에서 법을 얻은 바가 있다고
생각하느냐?"

不也니이다 世尊하 如來 在燃燈佛所하사 於法에
實無所得이니이다

"아니옵니다, 세존이시여. 여래께서는 연등불의 처소에서 법을 실로 얻은 바가 없나이다."

須菩提야 於意云何오 菩薩이 莊嚴佛土不아

"수보리야, 네 생각은 어떠하냐? 보살이 불국토를 장엄하느냐?"

不也니이다 世尊하 何以故오 莊嚴佛土者는 卽

非莊嚴일새 是名莊嚴이니이다

"아니옵니다, 세존이시여. 왜냐하면 불국토를 장엄하는 것은 곧 장엄이 아니라 그 이름이 장엄이기 때문입니다."

是故로 須菩提야 諸菩薩摩訶薩이 應如是

生淸淨心이니 不應住色生心하며 不應住聲

香味觸法生心이요 應無所住하야 而生其

心이니라

　"그런 까닭에 수보리야, 모든 보살마하살은 마땅히 이와 같이 청정한 마음을 내어야 하나니, 마땅히 색에 머물러 마음을 내지 말 것이요 소리와 냄새와 맛과 감촉과 법에 머물러 마음을 내지 말 것이며, 마땅히 머무는 바 없이 그 마음을 내어야 하느니라〔應無所住 而生其心〕.

須菩提야 譬如有人이 身如須彌山王하면 於意云何오 是身이 爲大不아

　수보리야, 비유하건대 어떤 사람의 몸이 수미산만하다면, 네 생각은 어떠하냐? 그 몸이 크다고 하겠느냐?"

須菩提言하사대 甚大니이다 世尊하 何以故오 佛

說非身_이是名大身_{이니이다}

수보리가 아뢰었다.

"매우 크겠나이다, 세존이시여. 왜냐하면 부처님께서는 몸 아닌 것을 이름하여 큰 몸이라 설하셨기 때문입니다."

無爲福勝分 무위복승분 제십일

須菩提_야如恒河中所有沙數_{하야}如是沙等恒河 – 於意云何_오是諸恒河沙 – 寧爲多不_아

"수보리야, 항하에 있는 모래알 수만큼이나 많은 항하가 또 있다고 한다면, 네 생각은 어떠하냐? 이 모든 항하의 모래는 얼마나 많겠느냐?"

須菩提言_{하사대}甚多_{니이다}世尊_하但諸恒河_도

尚多無數_온 何況其沙_{리잇가}

수보리가 아뢰었다.

"매우 많나이다, 세존이시여. 모든 항하의 수만 하여도 오히려 헤아릴 수 없이 많을 것인데, 하물며 그 모래알의 수이겠나이까?"

須菩提_야 我今實言_{으로} 告汝_{하노니} 若有善男子善女人_이 以七寶_로 滿爾所恒河沙數三千大千世界_{하야} 以用布施_{하면} 得福_이 多不_아

"수보리야, 내 이제 진실한 말로 그대에게 이르노라. 만약 선남자선여인이 칠보로써 저 항하의 모래알 수만큼이나 많은 삼천대천세계에 가득 차도록 보시를 한다면, 그가 얻을 복은 얼마나 많겠느냐?"

須菩提言_{하사대} 甚多_{니이다} 世尊_하

수보리가 아뢰었다.

"매우 많나이다, 세존이시여."

佛告須菩提_{하사대}

부처님께서 수보리에게 이르셨다.

若善男子善女人_이 於此經中_에 乃至受持
四句偈等_{하야} 爲他人説_{하면} 而此福德_이 勝
前福德_{하리라}

"만약 선남자선여인이 이 경 가운데의 사구게 등을 받아지니고 다른 사람을 위해 설한다면, 이 복덕은 앞서 말한 보시의 복덕보다 더 수승하니라."

尊重正教分 존중정교분 제십이

復次須菩提_야 隨説是經_{하대} 乃至四句偈
等_{하면} 當知此處_는 一切世間天人阿修羅一
皆應供養_을 如佛塔廟_{어든} 何況有人_이 盡能

受持讀誦가

　"또 수보리야, 이 경을 따라 사구게 등을 설한다면 마땅히 알지어다. 이곳을 일체 세간의 천인·인간·아수라 등이 부처님의 탑과 절에 하듯이 공양하느니라. 하물며 어떤 사람이 이 경 모두를 수지하고 독송함에 있어서랴.

수보리　당지시인　성취최상제일희유
須菩提야 當知是人은 成就最上第一希有
지법　약시경전소재지처　즉위유불
之法이니 若是經典所在之處는 即爲有佛과
약존중제자
若尊重弟子니라

　수보리야, 마땅히 알지어다. 이 사람은 가장 높고 제일가고 희유한 법을 성취하게 되나니, 이 경전이 있는 곳에는 곧 부처님과 존중받는 제자들이 함께 있음이니라."

如法受持分여법수지분 제십삼

이 시 수 보 리 백 불 언
爾時에 須菩提ー白佛言하사대

그때 수보리가 부처님께 아뢰었다.

세 존 당 하 명 차 경 아 등 운 하 봉 지
世尊하 當何名此經이며 我等이 云何奉持리잇고

"세존이시여, 이 경의 이름을 무엇이라 하며, 저희들이 어떻게 받들어 지니오리까?"

불 고 수 보 리
佛告須菩提하사대

부처님께서 수보리에게 이르셨다.

시 경 명 위 금 강 반 야 바 라 밀 이 시 명
是經은 名爲金剛般若波羅蜜이니 以是名

자 여 당 봉 지 소 이 자 하 수 보 리 불
字로 汝當奉持하라 所以者何오 須菩提야 佛

설 반 야 바 라 밀 즉 비 반 야 바 라 밀 시
說般若波羅蜜이 卽非般若波羅蜜일새 是

명 반 야 바 라 밀
名般若波羅蜜이니라

"이 경의 이름은 금강반야바라밀이니, 이 이름으로 너희는 마땅히 받들어 지닐지어다. 무슨 까닭인가? 수보리야, 부처가 설하는 반야바라밀은 곧 반야바라밀이 아니라 그 이름이 반야바라밀이기 때문이니라.

수 보 리 어 의 운 하 여 래 유 소 설 법 부
須菩提야 於意云何오 如來ー 有所說法不아

수보리야, 네 생각은 어떠하냐? 여래가 설한 바 법이 있느냐?"

수 보 리 백 불 언
須菩提ー 白佛言하사대

수보리가 부처님께 아뢰었다.

세 존 여 래 무 소 설
世尊하 如來ー 無所說이니이다

"세존이시여, 여래께서는 설한 바가 없나이다."

수 보 리 어 의 운 하 삼 천 대 천 세 계 소 유
須菩提야 於意云何오 三千大千世界所有
미 진 시 위 다 부
微塵이 是爲多不아

"수보리야, 네 생각은 어떠하냐? 삼천대

천세계에는 티끌이 얼마나 많겠느냐?"

<ruby>須菩提言<rt>수보리언</rt></ruby>하사대 <ruby>甚多<rt>심다</rt></ruby>니이다 <ruby>世尊<rt>세존</rt></ruby>하

수보리가 아뢰었다.

"매우 많나이다. 세존이시여."

<ruby>須菩提<rt>수보리</rt></ruby>야 <ruby>諸微塵<rt>제미진</rt></ruby>을 <ruby>如來說非微塵<rt>여래설비미진</rt></ruby>일새 <ruby>是名<rt>시명</rt></ruby><ruby>微塵<rt>미진</rt></ruby>이며 <ruby>如來說世界<rt>여래설세계</rt></ruby> - <ruby>非世界<rt>비세계</rt></ruby>일새 <ruby>是名世界<rt>시명세계</rt></ruby>니라

"수보리야, 여래는 티끌들이 티끌이 아니라 그 이름이 티끌이라고 설하고, 여래는 세계를 세계가 아니라 그 이름이 세계라고 설하느니라.

<ruby>須菩提<rt>수보리</rt></ruby>야 <ruby>於意云何<rt>어의운하</rt></ruby>오 <ruby>可以三十二相<rt>가이삼십이상</rt></ruby>으로 <ruby>見如來不<rt>견여래부</rt></ruby>아

수보리야, 네 생각은 어떠하냐? 가히 삼

십이상으로 여래를 볼 수 있겠느냐?"

불야　　세존　불가이삼십이상　　득견
不也니이다世尊하不可以三十二相으로得見
여래　하이고　여래설삼십이상　즉시
如來니何以故오如來說三十二相이卽是
비상　시명삼십이상
非相일새是名三十二相이니이다

　　　"아니옵니다, 세존이시여. 삼십이상으로
는 여래를 보지 못하옵니다. 왜냐하면 여래
께서 설하신 삼십이상은 곧 삼십이상이 아
니라, 그 이름이 삼십이상이기 때문입니다."

수보리　약유선남자선여인　이항하사
須菩提야若有善男子善女人이以恒河沙
등신명　　보시　약부유인　어차경중
等身命으로布施어든若復有人이於此經中에
내지수지사구게등　위타인설　기복
乃至受持四句偈等하야爲他人說하면其福이
심다
甚多니라

　　　"수보리야, 어떤 선남자선여인이 항하의
모래알 수만큼이나 많은 몸과 목숨을 바쳐

서 보시를 하는 복보다, 어떤 사람이 이 경 가운데의 사구게 등을 수지하여 남을 위해 설하여 주는 복이 훨씬 더 뛰어나느니라."

離相寂滅分이상적멸분 제십사

爾時에 須菩提ㅡ 聞說是經하사옵고 深解義趣하사 涕淚悲泣而白佛言하사대

그때 수보리가 이 경을 설하시는 것을 듣고 깊이 그 뜻을 깨달아 눈물을 흘리며 부처님께 아뢰었다.

希有世尊하 佛說如是甚深經典은 我從昔來所得慧眼으로 未曾得聞如是之經이니이다

"희유하옵니다, 세존이시여. 부처님께서 이와 같이 심히 깊은 경전을 설하심은, 제가 혜안을 얻은 이후 한 번도 듣지 못하였

나이다.

世尊하 若復有人이 得聞是經하고 信心淸
淨하면 卽生實相하리니 當知是人은 成就第一
希有功德이니이다

　세존이시여, 만약 어떤 사람이 이 경을
듣고 신심이 청정해지면 곧 실상을 깨달으
리니, 마땅히 이 사람이 제일 희유한 공덕
을 성취하는 줄로 알겠나이다.

世尊하 是實相者는 卽是非相일새 是故로 如
來說名實相이니이다

　세존이시여, 이 실상은 곧 상이 아니오
니, 그러한 까닭으로 여래께서는 실상이라
고 설하셨나이다.

世尊하 我今得聞如是經典하고 信解受持는

不足爲難이어니와 若當來世後五百歲에 其
有衆生이 得聞是經하고 信解受持하면 是人은
卽爲第一希有니이다 何以故오 此人은 無我
相이며 無人相이며 無衆生相이며 無壽者相이니

　세존이시여, 저는 이제 이 경전을 얻어 듣
고 믿고 받아지니는 것이 그다지 어렵지 않
사오나, 앞으로 다가올 후오백세 뒤의 중
생들이 이 경전을 듣고서 믿고 이해하고 수
지한다면, 이 사람이야말로 가장 희유한
사람이 될 것이옵니다. 왜냐하면 이 사람은
아상도 없고 인상·중생상·수자상도 없기
때문입니다.

所以者何오 我相이 卽是非相이며 人相衆生
相壽者相이 卽是非相이라 何以故오 離一切
諸相이 卽名諸佛이니이다

　　그 까닭은 아상이 곧 상이 아니요, 인상·중생상·수자상도 곧 상이 아니기 때문입니다. 왜냐하면 일체의 모든 상을 떠난 것을 이름하여 제불이라 하기 때문입니다."

佛告須菩提하사대

　　부처님께서 수보리에게 이르셨다.

如是如是하다 若復有人이 得聞是經하고 不驚不怖不畏하면 當知是人은 甚爲希有니 何以故오 須菩提야 如來説第一波羅蜜이 卽非第一波羅蜜일새 是名第一波羅蜜이니라

　　"그러하고 그러하다. 만약 어떤 사람이 이 경을 듣고 놀라지 않고 겁내지 않고 두려워하지 않는다면, 마땅히 알라. 그는 매우 희유한 사람이니라. 왜냐하면 수보리야, 여래가 설하는 제일바라밀은 곧 제일바

라밀이 아니라, 그 이름이 제일바라밀이기
때문이니라.

須菩提_야忍辱波羅蜜_도如來説非忍辱波
羅蜜_{일새}是名忍辱波羅蜜_{이니라}

　　수보리야, 인욕바라밀도 여래는 인욕바
라밀이 아니라고 설하나니, 그 이름이 인욕
바라밀이니라.

何以故_오須菩提_야如我昔爲歌利王_에割
截身體_{하야}我於爾時_에無我相_{하며}無人相_{하며}
無衆生相_{하며}無壽者相_{하니라}何以故_오我於
往昔一節節支解時_에若有我相人相衆
生相壽者相_{이면}應生瞋恨_{일러니라}

　　왜냐하면 수보리야, 옛날 가리왕이 나의
몸을 베고 끊었을 때 나는 아상도 없었고

인상이 없었으며, 중생상도 없었고 수자상
도 없었느니라. 내가 마디마디 사지를 끊
길 그때, 아상이나 인상·중생상·수자상이
있었더라면, 마땅히 원망하는 마음을 내었
을 것이니라.

須菩提야 又念過去於五百世에 作忍辱仙
人하야 於爾所世에 無我相하며 無人相하며 無
衆生相하며 無壽者相하니라

　　수보리야, 또 생각하니, 과거 오백세 동
안 인욕선인이 되었던 그때에도 아상·인
상·중생상·수자상이 없었느니라.

是故로 須菩提야 菩薩은 應離一切相하고 發
阿耨多羅三藐三菩提心이니 不應住色生
心하며 不應住聲香味觸法生心이요 應生無
所住心이니라

그러므로 수보리야, 보살은 마땅히 일체의 상을 떠나서 아뇩다라삼먁삼보리심을 발하여야 하나니, 마땅히 색에 머물러 마음을 내지 말고, 마땅히 소리와 냄새와 맛과 감촉과 법에 머물러 마음을 내지 말지니, 마땅히 머무르는 바 없이 마음을 내어야 하느니라.

若心有住하면 卽爲非住니 是故로 佛説菩薩이
心不應住色布施라하느니라

만약 마음에 머무르는 바가 있으면 곧바로 그 머무름을 지을지니, 그러므로 부처님은 '보살은 마땅히 색에 머무르지 않는 보시를 해야 한다'고 설하느니라.

須菩提야 菩薩이 爲利益一切衆生하야 應如
是布施니 如來説一切諸相이 卽是非相이며

又說一切衆生^{우설일체중생}이 卽非衆生^{즉비중생}이니라

　수보리야, 보살은 일체 중생을 이익되게 하기 위해 마땅히 이와 같이 보시를 해야 하나니, 그래서 여래는 일체의 상들이 곧 상이 아니라 설하고, 일체의 중생이 곧 중생이 아니라고 설하느니라.

須菩提^{수보리}야 如來^{여래}는 是眞語者^{시진어자}며 實語者^{실어자}며 如語者^{여어자}며 不誑語者^{불광어자}며 不異語者^{불이어자}니라

　수보리야, 여래는 참다운 말을 하는 이요, 실다운 말을 하는 이요, 한결같은 말을 하는 이요, 속임수 없는 말을 하는 이요, 사실과 다르지 않은 말을 하는 이이니라.

須菩提^{수보리}야 如來所得法^{여래소득법}인 此法^{차법}은 無實無虛^{무실무허}하니라

　수보리야, 여래가 얻은 이 법은 실도 없

고 허도 없느니라.

^{수 보 리} ^{약 보 살} ^{심 주 어 법} ^{이 행 보}
須菩提_야若菩薩_이心住於法_{하야}而行布

^시 ^{여 인} ^{입 암} ^{즉 무 소 견}
施_{하면}如人_이入暗_에卽無所見_{이요}

　수보리야, 만약에 보살이 그 무엇에 집착하는 마음으로 보시를 하게 되면, 그는 마치 어둠 속으로 들어가서 아무것도 보지 못하는 사람처럼 되느니라.

^{약 보 살} ^{심 부 주 법} ^{이 행 보 시} ^{여 인}
若菩薩_이心不住法_{하야}而行布施_{하면}如人_이

^{유 목} ^{일 광 명 조} ^{견 종 종 색}
有目_{하야}日光明照_에見種種色_{이니라}

　그러나 보살이 그 무엇에 집착하지 않는 마음으로 보시를 하게 되면, 그는 마치 눈 밝은 사람이 밝은 햇빛 아래에서 가지가지의 색을 분명히 보는 것과 같으니라.

^{수 보 리} ^{당 래 지 세} ^{약 유 선 남 자 선 여}
須菩提_야當來之世_에若有善男子善女

人_이能於此經_에受持讀誦_{하면}卽爲如來_가
以佛智慧_로悉知是人_{하며}悉見是人_{하야}皆
得成就無量無邊功德_{하니라}

　수보리야, 장차 오는 세상의 선남자선여
인이 능히 이 경을 받아지니고 읽고 외우
면, 여래는 곧 부처의 지혜로써 이 사람을
다 알고 다 보아서, 그로 하여금 한량없고
가없는 공덕을 성취하게 하느니라."

持經功德分지경공덕분 제십오

須菩提_야若有善男子善女人_이初日分_에
以恒河沙等身_{으로}布施_{하며}中日分_에復以
恒河沙等身_{으로}布施_{하며}後日分_에亦以恒
河沙等身_{으로}布施_{하야}如是無量百千萬
億劫_을以身布施_{하야도}若復有人_이聞此經

전하고 信心不逆하면 其福이 勝彼어든 何況書
寫受持讀誦하야 爲人解說가

"수보리야, 만약 어떤 선남자선여인이 아
침에 항하의 모래 수와 같은 몸으로 보시
를 하고, 낮에 다시 항하의 모래 수와 같은
몸으로 보시를 하고, 저녁에 또한 항하의
모래 수와 같은 몸으로 보시를 하되 한량
없는 백천만억겁 동안 몸으로 보시를 할지
라도, 어떤 사람이 이 경전을 듣고 마음으
로 믿어서 거역하지 않으면, 그 복덕이 저
몸을 보시한 복덕보다 수승하니라. 하물며
사경을 하거나, 수지하고 독송하거나, 남
을 위해 해설을 해주는 공덕이라.

須菩提야 以要言之컨댄 是經은 有不可思議
不可稱量無邊功德하나니 如來ㅡ 爲發大

乘^승者^자説^설이며 爲^위發^발最^최上^상乘^승者^자説^설이니라

　수보리야, 요점만 말하건대, 이 경은 불가사의하고 가히 측량할 수 없고 끝이 없는 공덕을 지니고 있나니, 여래는 대승의 마음을 발한 이를 위해 이 경을 설하고, 최상승의 마음을 발한 이를 위해 이 경을 설하느니라.

若^약有^유人^인이 能^능受^수持^지讀^독誦^송하야 廣^광爲^위人^인説^설하면 如^여來^래悉^실知^지是^시人^인하며 悉^실見^견是^시人^인하야 皆^개得^득成^성就^취不^불可^가量^량不^불可^가稱^칭無^무有^유邊^변不^불可^가思^사議^의功^공德^덕하리니 如^여是^시人^인等^등은 即^즉爲^위荷^하擔^담如^여來^여阿^아耨^녹多^다羅^라三^삼藐^먁三^삼菩^보提^리라

　만약 어떤 사람이 능히 이 경을 수지하고 독송하고 널리 남을 위해 설하여 주면 여래는 이 사람을 다 알고 다 보나니, 이 사람은

가히 헤아릴 수 없고 측량할 수 없고 끝이 없는 불가사의 공덕을 모두 얻어서 성취하게 되며, 이 사람은 곧바로 여래의 아뇩다라삼먁삼보리를 짊어지고 나아가느니라.

何以故오 須菩提야 若樂小法者는 着我見
人見衆生見壽者見일새 卽於此經에 不能
聽受讀誦하야 爲人解說이니라

왜냐하면 수보리야, 작은 법을 좋아하는 사람은 아견과 인견과 중생견과 수자견에 집착하기 때문에, 이 경을 듣고 받아들이거나, 독송을 하거나, 남을 위해 해설을 해주지 못하느니라.

須菩提야 在在處處에 若有此經하면 一切世
間天人阿修羅의 所應供養이니

수보리야, 어느 곳이든지 이 경이 있으면

마땅히 일체 세간의 천인과 인간과 아수라
가 공양을 하느니라.

^당^지^차^처 ^즉^위^시^탑 ^개^응^공^경 ^작
當知此處는卽爲是塔이라皆應恭敬－作
^례^위^요 ^이^제^화^향 ^이^산^기^처
禮圍繞하야以諸華香으로而散其處하리라

　마땅히 알아라. 이 경이 있는 곳은 곧 탑이
되나니, 모두가 공경하여 예배를 드리고 주
위를 돌면서 갖가지 꽃과 향을 뿌리느니라."

能淨業障分능정업장분　제십육

^부^차^수^보^리 ^선^남^자^선^여^인 ^수^지^독^송
復次須菩提야善男子善女人이受持讀誦
^차^경 ^약^위^인^경^천 ^시^인 ^선^세^죄^업
此經하대若爲人輕賤하면是人이先世罪業으로
^응^타^악^도 ^이^금^세^인 ^경^천^고 ^선^세^죄
應墮惡道로대以今世人이輕賤故로先世罪
^업 ^즉^위^소^멸 ^당^득^아^녹^다^라^삼^막^삼
業이卽爲消滅하고當得阿耨多羅三藐三
^보^리
菩提하리라

　"또 수보리야, 선남자선여인이 이 경을

수지하고 독송하면서도 남에게 업신여김을 당한다면, 이 사람은 전생의 죄업으로 마땅히 악도에 떨어질 것이로되, 금생에 업신여김을 받는 까닭으로 전생의 죄업이 곧 소멸되어 마땅히 아뇩다라삼먁삼보리를 얻게 되느니라.

須菩提야 我念過去無量阿僧祇劫하니 於
燃燈佛前에 得値八百四千萬億那由他
諸佛하야 悉皆供養承事하대 無空過者어니와

수보리야, 내가 과거의 헤아릴 수 없는 아승지겁을 생각해보니, 연등불을 뵙기 전에 팔백사천만억 나유타 수의 부처님들을 만나 그 부처님 모두를 공양하고 받들고 섬기면서 헛되이 지냄이 없었느니라.

若復有人이 於後末世에 能受持讀誦此

經하면 所得功德이 於我所供養諸佛功
德으로 百分不及一이며 千萬億分乃至算數
譬喩로 所不能及하리라

　　그런데 어떤 사람이 앞으로 오는 말세에
능히 이 경을 받아지니고 독송을 하면, 내
가 모든 부처님께 공양한 공덕으로는 그
공덕의 백분의 일에도 미치지 못하며, 천만
억분의 일 내지 숫자의 비유로는 도저히 미
치지 못하느니라.

須菩提야 若善男子善女人이 於後末世에
有受持讀誦此經하는 所得功德을 我若具
說者면 或有人이 聞하고 心卽狂亂하야 狐疑不
信하리니

　　수보리야, 만약 선남자선여인이 앞으로
오는 말세에 이 경을 받아지니고 독송함으

로써 얻게 되는 공덕을 다 갖추어 말한다면,
혹 어떤 사람은 듣고 마음이 산란하여져서
여우처럼 의심하고 믿지 않을 것이니라.

須菩提_야 當知是經_은 義不可思議_{하며} 果報
亦不可思議_{니라}

　수보리야, 마땅히 알아라. 이 경은 뜻도
불가사의하며 그 과보 또한 불가사의하니
라."

究竟無我分구경무아분　제십칠

爾時_에 須菩提－白佛言_{하사대}

　그때 수보리가 부처님께 아뢰었다.

世尊_하 善男子善女人_이 發阿耨多羅三藐三
菩提心_{인댄} 云何應住_며 云何降伏其心_{하리잇고}

　"세존이시여, 선남자선여인들이 아뇩다

라삼먁삼보리심을 발한 다음, 마땅히 어떻게 그 마음을 유지하여야 하며 어떻게 그 마음을 항복받아야 하나이까?"

불 고 수 보 리
佛告須菩提하사대

부처님께서 수보리에게 이르셨다.

약 선 남 자 선 여 인 발 아 뇩 다 라 삼 먁 삼
若善男子善女人이發阿耨多羅三藐三
보 리 심 자 당 생 여 시 심 아 응 멸 도 일
菩提心者는當生如是心이니我應滅度一
체 중 생 멸 도 일 체 중 생 이
切衆生하리라하야滅度一切衆生已라도
이 무 유 일 중 생 실 멸 도 자 하 이 고
而無有一衆生도實滅度者니라何以故오
수 보 리 약 보 살 유 아 상 인 상 중 생 상 수
須菩提야若菩薩이有我相人相衆生相壽
자 상 즉 비 보 살
者相이면即非菩薩이니

"만약 선남자선여인이 아뇩다라삼먁삼
보리심을 발하였으면 마땅히 이와 같이 마
음을 내어야 하느니라. 곧 '나는 마땅히 일

체 중생을 제도하되, 일체 중생을 제도하고 나서는 실로 한 중생도 제도함이 없다' 하리니, 왜냐하면 보살에게 아상·인상·중생상·수자상이 있으면 곧 보살이 아니기 때문이니라.

所以者何오 須菩提야 實無有法 - 發阿耨
多羅三藐三菩提心者니라

　　무슨 까닭인가? 수보리야, 실로 법에는 아뇩다라삼먁삼보리심을 발하였다고 하는 것이 없기 때문이니라.

須菩提야 於意云何오 如來 - 於燃燈佛
所에 有法得 - 阿耨多羅三藐三菩提不아

　　수보리야, 네 생각은 어떠하냐? 여래가 연등불의 처소에서 아뇩다라삼먁삼보리라고 하는 법을 얻었느냐?"

불야   세존 여아해   불소 설의   불
不也니이다 世尊하 如我解 – 佛所說義천댄 佛
   어연등불소   무유법득   아 녹 다 라 삼
이於燃燈佛所에 無有法得 – 阿耨多羅三
막 삼 보 리
藐三菩提니이다

"아니옵니다, 세존이시여. 제가 부처님께
서 말씀하시는 뜻을 이해하건대, 부처님께
서는 연등불의 처소에서 아뇩다라삼먁삼
보리라고 하는 법을 얻은 바가 없나이다."

불언   여시여시   수보리 실무유법
佛言하사대 如是如是니라 須菩提야 實無有法
여래득 아 녹 다 라 삼 먁 삼 보 리
如來得 – 阿耨多羅三藐三菩提니라

부처님께서 이르셨다.
"그러하고 그러하다, 수보리야. 실로 여
래는 아뇩다라삼먁삼보리라고 하는 법을
얻은 바가 없느니라.

수 보 리   약유법여래득   아 녹 다 라 삼 먁
須菩提야 若有法如來得 – 阿耨多羅三藐

三菩提者인댄 燃燈佛이 卽不與我授記하사대
汝於來世에 當得作佛하대 號를 釋迦牟尼어니와
以實無有法得阿耨多羅三藐三菩提일새
是故로 燃燈佛이 與我授記하사 作是言하사대
汝於來世에 當得作佛하야 號를 釋迦牟尼라하
시니 何以故오 如來者는 卽諸法如義니라

수보리야, 만약 내가 아뇩다라삼먁삼보리라고 하는 법을 얻은 바가 있다면 연등불께서는 나에게, '너는 내세에 마땅히 부처를 이루어 호를 석가모니라 하리라'는 수기를 주시지 않았을 것이나, 실로 아뇩다라삼먁삼보리의 법을 얻은 바가 없기 때문에 연등불께서는 나에게, '너는 내세에 마땅히 부처를 이루어 호를 석가모니라 하리라'는 수기를 주신 것이니라. 왜냐하면 여래는 곧 '모든 법 그대로'라는 뜻이기 때문이니라.

약 유 인 언 여 래 득 아 녹 다 라 삼 먁 삼 보
若有人이言如來得阿耨多羅三藐三菩
리 수 보 리 실 무 유 법 불 득 아 녹 다 라
提라하면 須菩提야 實無有法佛得阿耨多羅
삼 먁 삼 보 리
三藐三菩提라

　만약 어떤 사람이 '여래가 아뇩다라삼먁삼보리를 얻었다'고 하면, 수보리야, 실로 부처님은 아뇩다라삼먁삼보리라고 하는 법을 얻은 바가 없느니라.

수 보 리 여 래 소 득 아 녹 다 라 삼 먁 삼 보
須菩提야 如來所得阿耨多羅三藐三菩
리 어 시 중 무 실 무 허 시 고 여 래 설 일
提는 於是中에 無實無虛라 是故로 如來說一
체 법 개 시 불 법
切法이 皆是佛法이라하니라

　수보리야, 여래가 얻은 바 아뇩다라삼먁삼보리 가운데에는 실도 없고 허도 없나니,

이러한 까닭으로 여래는 '일체법이 다 불법(佛法)

이다'고 설하느니라.

須菩提야 所言一切法者는 卽非一切法일새

是故名一切法이니 須菩提야 譬如人身長

大하니라

　수보리야, 말한 바 일체법은 곧 일체법이

아니니라. 그러므로 그 이름을 일체법이라

고 하나니, 수보리야, 비유하자면 어떤 사람

의 몸을 장대하다고 하는 것과 같으니라."

須菩提言하사대 世尊하 如來說人身長大一

卽爲非大身일새 是名大身이니이다

　수보리가 아뢰었다.

　"세존이시여, 여래께서 말씀하시는 장대

한 몸은 곧 장대한 몸이 아니라 그 이름이

장대한 몸이옵니다."

須_수菩_보提_리야 菩_보薩_살도 亦_역如_여是_시하야 若_약作_작是_시言_언하대 我_아 當_당滅_멸度_도無_무量_량衆_중生_생하리라하면 卽_즉不_불名_명菩_보薩_살이니 何_하 以_이故_고오 須_수菩_보提_리야 實_실無_무有_유法_법—名_명爲_위菩_보薩_살이니 是_시故_고로佛_불說_설一_일切_체法_법이 無_무我_아無_무人_인無_무衆_중生_생無_무 壽_수者_자라하노라

"수보리야, 보살 또한 이와 같아서, 만약 '내가 한량없는 중생을 제도하리라' 하면, 곧 보살이라고 이름할 수 없느니라. 왜냐 하면 수보리야, 실로 보살이라고 이름할 수 있는 법이 없기 때문이니, 그러므로 부처님 은 일체법이 무아상이요 무인상이요 무중 생상이요 무수자상이라고 설하느니라.

須_수菩_보提_리야 若_약菩_보薩_살이 作_작是_시言_언하대 我_아當_당莊_장嚴_엄佛_불

土^토라하면 是^시不^불名^명菩薩^{보살}이니 何^하以^이故^고오 如來^{여래}說^설莊^장
嚴^엄佛土者^{불토자}는 卽^즉非^비莊嚴^{장엄}일새 是^시名^명莊嚴^{장엄}이니라

수보리야, 만약 보살이 '내가 마땅히 불국토를 장엄한다'고 하면 그를 보살이라고 이름하지 않나니, 왜냐하면 여래가 설하는 '불국토의 장엄'은 곧 장엄이 아니라 그 이름이 장엄이기 때문이니라.

須菩提^{수보리}야 若^약菩薩^{보살}이 通達^{통달}無^무我^아法者^{법자}는 如來^{여래}
說^설名^명眞^진是^시菩薩^{보살}이니라

수보리야, 만약 보살이 무아법(無我法)을 통달하게 되면 여래는 그를 '참다운 보살'이라고 이름하느니라."

一體同觀分일체동관분 제십팔

須菩提^{수보리}야 於^어意^의云^운何^하오 如來^{여래}有^유肉^육眼^안不^부아

　　"수보리야, 네 생각은 어떠하냐? 여래에
게 육안이 있느냐?"

如是世尊하 如來有肉眼이니이다

　　"그러하옵니다, 세존이시여. 여래는 육안
이 있사옵니다."

須菩提야 於意云何오 如來有天眼不아

　　"수보리야, 네 생각은 어떠하냐? 여래에
게 천안이 있느냐?"

如是世尊하 如來有天眼이니이다

　　"그러하옵니다, 세존이시여. 여래는 천안
이 있사옵니다."

須菩提야 於意云何오 如來有慧眼不아

　　"수보리야, 네 생각은 어떠하냐? 여래에
게 혜안이 있느냐?"

여시세존 여래유혜안
如是世尊하 如來有慧眼이니이다

"그러하옵니다, 세존이시여. 여래는 혜안
이 있사옵니다."

수보리 어의운하 여래유법안부
須菩提야 於意云何오 如來有法眼不아

"수보리야, 네 생각은 어떠하냐? 여래에
게 법안이 있느냐?"

여시세존 여래유법안
如是世尊하 如來有法眼이니이다

"그러하옵니다, 세존이시여. 여래는 법안
이 있사옵니다."

수보리 어의운하 여래유불안부
須菩提야 於意云何오 如來有佛眼不아

"수보리야, 네 생각은 어떠하냐? 여래에
게 불안이 있느냐?"

여시세존 여래유불안
如是世尊하 如來有佛眼이니이다

"그러하옵니다, 세존이시여. 여래는 불안

이 있사옵니다."

수 보 리   어 의 운 하   여 항 하 중 소 유 사
須菩提야 於意云何오 如恒河中所有沙를

불 설 시 사 부
佛説是沙不아

　"수보리야, 네 생각은 어떠하냐? 저 항하 가운데 있는 모래를 여래가 모래라고 설한 적이 있느냐?"

여 시 세 존   여 래 설 시 사
如是世尊하 如來説是沙니이다

　"그러하옵니다, 세존이시여. 여래는 모래라고 설하신 적이 있사옵니다."

수 보 리   어 의 운 하   여 일 항 하 중 소 유
須菩提야 於意云何오 如一恒河中所有

사   유 여 시 사 등 항 하   시 제 항 하 소 유
沙하야 有如是沙等恒河어든 是諸恒河所有

사 수 불 세 계   여 시 영 위 다 부
沙數佛世界가 如是寧爲多不아

　"수보리야, 네 생각은 어떠하냐? 저 항하의 모래알 수만큼 많은 항하가 있고, 또 그

많은 항하에 있는 모래알 수만큼이나 많은
부처님의 세계가 있다고 하면 그 세계가 얼
마나 많겠느냐?”

<ruby>甚多<rt>심다</rt></ruby>니이다 <ruby>世尊<rt>세존</rt></ruby>하

“매우 많겠나이다, 세존이시여.”

<ruby>佛告須菩提<rt>불고수보리</rt></ruby>하사대

부처님께서 수보리에게 이르셨다.

<ruby>爾所國土中所有衆生<rt>이소국토중소유중생</rt></ruby>하야 <ruby>若干種心<rt>약간종심</rt></ruby>을 <ruby>如來悉知<rt>여래실지</rt></ruby>하노니 <ruby>何以故<rt>하이고</rt></ruby>오 <ruby>如來説諸心<rt>여래설제심</rt></ruby>이 <ruby>皆爲非心<rt>개위비심</rt></ruby>일새 <ruby>是名爲心<rt>시명위심</rt></ruby>이니

“그토록 많은 국토에서 살고 있는 중생들
의 갖가지 마음을 여래는 다 알고 있느니라.
왜냐하면 여래가 설한 마음들은 다 마음이
아니라 그 이름이 마음이기 때문이니라.

所以者何오 須菩提야

　무슨 까닭인가? 수보리야,

過去心不可得이며 現在心不可得이며 未來
心不可得이니라

　　과거심도 얻을 수 없고
　　현재심도 얻을 수 없으며
　　미래심도 얻을 수 없기 때문이니라."

法界通化分법계통화분　제십구

須菩提야 於意云何오 若有人이 滿三千大
千世界七寶로 以用布施하면 是人이 以是因
緣으로 得福多不아

　"수보리야, 네 생각은 어떠하냐? 어떤 사
람이 칠보로써 삼천대천세계에 가득 찰 만
큼의 보시를 하였다면, 이 사람은 이 인연

으로 얻을 복이 많겠느냐?"

^{여 시 세 존} ^{차 인} ^{이 시 인 연} ^{득 복 심}
如是世尊_하此人_이以是因緣_{으로}得福甚
^다
多_{니이다}

"그러하옵니다, 세존이시여. 이 사람은
이 인연으로 얻을 복이 매우 많겠나이다."

^{수 보 리} ^{약 복 덕} ^{유 실} ^{여 래 불 설 득 복}
須菩提_야若福德_이有實_{인댄}如來不說得福
^{덕 다} ^{이 복 덕} ^{무 고} ^{여 래 설 득 복 덕 다}
德多_{어니와}以福德_이無故_로如來說得福德多_{니라}

"수보리야, 만약 복덕이 실로 있는 것이
라면 얻을 복덕이 많다고 여래는 설하지 않
았을 것이나, 복덕이 본래 없는 까닭에 얻
을 복덕이 많다고 여래는 설하느니라."

離色離相分이색이상분 제이십

^{수 보 리} ^{어 의 운 하} ^불 ^{가 이 구 족 색 신}
須菩提_야於意云何_오佛_을可以具足色身_{으로}
^{견 부}
見不_아

"수보리야, 네 생각은 어떠하냐? 여래를 가히 구족색신(잘 갖추어진 몸의 모습)을 통하여 볼 수 있느냐?"

不也니이다 世尊하 如來를 不應以具足色身으로 見이니 何以故오 如來說具足色身이 卽非具足色身일새 是名具足色身이니이다

"아니옵니다, 세존이시여. 구족색신으로는 마땅히 여래를 볼 수 없사옵니다. 왜냐하면 여래께서 설하신 구족색신은 곧 구족색신이 아니라 그 이름이 구족색신이기 때문입니다."

須菩提야 於意云何오 如來를 可以具足諸相으로 見不아

"수보리야, 네 생각은 어떠하냐? 여래를 가히 제상구족(여러 가지 거룩한 상호를 갖춘 겉모습)을 통하여 볼 수

있느냐?"

불 야　세 존 여 래　불 응 이 구 족 제 상
不也니이다 世尊하 如來를 不應以具足諸相으로
견　하이고 여래설제상구족　즉비구
見이니 何以故오 如來說諸相具足이 即非具
족　시명제상구족
足일새 是名諸相具足이니이다

"아니옵니다, 세존이시여. 제상의 구족을 통해서는 마땅히 여래를 볼 수 없사옵니다. 왜냐하면 여래께서 설하신 제상구족은 제상구족이 아니라 그 이름이 제상구족이기 때문입니다."

非說所說分비설소설분　제이십일

수 보 리　여 물 위 여 래 작 시 념　아 당 유
須菩提야 汝勿謂如來作是念하대 我當有
소 설 법　막 작 시 념　하이고 약 인
所說法이라하라 莫作是念이니 何以故오 若人이
언 여 래　유 소 설 법　즉 위 방 불　불
言如來ー有所說法이라하면 即爲謗佛이라 不
능 해 아 소 설 고
能解我所說故니라

"수보리야, 너희는 여래가 '나는 마땅히 설한 바 법이 있다'는 생각을 하시리라고 생각하지 말라. 왜냐하면 만약 어떤 사람이 '여래께서 설한 바 법이 있다'고 한다면 곧 부처님을 비방하는 것이니, 내가 설한 바를 잘 이해하지 못한 때문이니라.

須菩提야 說法者는 無法可說이 是名說法이니라

수보리야, 법을 설한다고 하나 가히 설할 만한 법이 없나니, 그 이름이 설법이니라."

爾時에 慧命須菩提－白佛言하사대

그때 혜명 수보리가 부처님께 아뢰었다.

世尊하 頗有衆生이 於未來世에 聞說是法하고 生信心不잇가

"세존이시여, 미래 세상에서 자못 어떤 중생이 이 법을 설하시는 것을 듣고 신심을 내겠나이까?"

불언　　　　수　보　리　　피　비　중　생　　　비　불　중
佛言하사대 須菩提야 彼非衆生이며 非不衆
생　　　하　이　고　　수　보　리　　중　생　중　생　자　　여　래
生이니 何以故오 須菩提야 衆生衆生者는 如來
설　비　중　생　　　시　명　중　생
説非衆生일새 是名衆生이니라

부처님께서 이르셨다.

"수보리야, 저들은 중생도 아니요 중생이 아님도 아니니라. 왜냐하면 수보리야, 여래는 '중생·중생'에 대해, 중생이 아니라 그 이름이 중생이라고 설하느니라."

無法可得分무법가득분　제이십이
수　보　리　　백　불　언
須菩提—白佛言하사대

수보리가 부처님께 아뢰었다.

世尊_하佛_이得阿耨多羅三藐三菩提_는爲
無所得耶_{잇가}

　"세존이시여, 부처님께서 아뇩다라삼먁
삼보리를 얻으신 것도 얻은 바가 없음이
되옵니까?"

佛言_{하사대}如是如是_{하다}須菩提_야我於阿耨
多羅三藐三菩提_에乃至無有少法可得_{일새}
是名阿耨多羅三藐三菩提_{니라}

　부처님께서 이르셨다.
　"그러하고 그러하다, 수보리야. 나는 아
뇩다라삼먁삼보리에 있어 어떠한 조그마
한 법도 가히 얻은 것이 없으므로, 이를 아
뇩다라삼먁삼보리라 이름하느니라."

淨心行善分정심행선분 제이십삼

復次須菩提야 是法이 平等하야 無有高下일새
是名阿耨多羅三藐三菩提니 以無我無
人無衆生無壽者로 修一切善法하면 卽得阿
耨多羅三藐三菩提하리라

"또 수보리야, 이 법은 평등하여 높고 낮음이 없으므로 이를 아뇩다라삼먁삼보리라 이름하나니, 아상도 없고 인상도 없고 중생상도 없고 수자상도 없이 일체의 선법을 닦으면 곧 아뇩다라삼먁삼보리를 얻게 되느니라.

須菩提야 所言善法者는 如來說卽非善
法일새 是名善法이니라

수보리야, 여래는 이른바 선법을 곧 선법이 아니라 그 이름이 선법이라고 설하느니라."

福智無比分복지무비분 제이십사

須^수菩^보提^리야 若^약三^삼千^천大^대千^천世^세界^계中^중에 所^소有^유諸^제須^수
彌^미山^산王^왕 如^여是^시等^등七^칠寶^보聚^취를 有^유人^인이 持^지用^용布^보
施^시라도 若^약人^인이 以^이此^차般^반若^야波^바羅^라蜜^밀經^경으로 乃^내至^지
四^사句^구偈^게等^등을 受^수持^지讀^독誦^송하며 爲^위他^타人^인說^설하면 於^어
前^전福^복德^덕으로 百^백分^분에 不^불及^급一^일이며 百^백千^천萬^만億^억分^분과
乃^내至^지算^산數^수譬^비喩^유로 所^소不^불能^능及^급이니라

　"수보리야, 만약 어떤 사람은 삼천대천세계에 있는 모든 수미산만 한 칠보 덩어리를 가져다가 보시를 하고, 어떤 사람은 금강반야바라밀경이나 사구게 등을 수지하고 독송하고 남을 위해 해설해 주면, 앞 사람의 복덕은 뒷사람의 백분의 일에도 미치지 못하고, 백천만억분의 일 내지 숫자의 비유로는 도저히 미치지 못하느니라."

化無所化分화무소화분 제이십오

須菩提야 於意云何오 汝等은 勿謂如來 一
作是念하대 我當度衆生이라하라

"수보리야, 네 생각은 어떠하냐?

너희는 여래가 '나는 마땅히 중생을 제도
한다'는 생각을 하시리라고 말하지 말라.

須菩提야 莫作是念이니 何以故오 實無有衆
生一 如來度者니 若有衆生을 如來度者면
如來一 即有我人衆生壽者니라

수보리야, 이런 생각을 하지 말라고 한
까닭이 무엇인가? 실로 여래가 제도할 중
생이 없기 때문이니, 만약 여래가 제도할
중생이 있다고 한다면 여래에게 곧 아상·
인상·중생상·수자상이 있음이니라.

須菩提_야 如來説有我者_는 即非有我_{어늘}而
凡夫之人_이 以爲有我_니 須菩提_야 凡夫者_는
如來説即非凡夫_{일새} 是名凡夫_{니라}

수보리야, 여래가 설한 '내가 있음[有我]'

은 곧 '내가 있음'이 아니거늘 범부들은 '내

가 있다'고 하나니, 수보리야, 여래는 범부

에 대해 곧 범부가 아니라 그 이름이 범부

라고 설하느니라."

法身非相分법신비상분 제이십육

須菩提_야 於意云何_오 可以三十二相_{으로} 觀
如來不_아

"수보리야, 네 생각은 어떠하냐? 가히 삼

십이상으로써 여래를 볼 수 있느냐?"

須菩提言_{하사대} 如是如是_{니이다} 以三十二

相_{으로} 觀如來_{니이다}

수보리가 아뢰었다.

"예, 그러하옵니다. 삼십이상으로써 여래를 볼 수 있사옵니다."

佛言_{하사대} 須菩提_야 若以三十二相_{으로} 觀如來者_{인댄} 轉輪聖王_도 卽是如來_{로다}

부처님께서 이르셨다.

"수보리야, 만약 삼십이상으로써 여래를 볼 수 있다면 전륜성왕도 곧 여래라고 할 수 있으리라."

須菩提-白佛言_{하사대}

수보리가 부처님께 아뢰었다.

世尊_하 如我解佛所說義_{컨댄} 不應以三十二相_{으로} 觀如來_{니이다}

"세존이시여, 제가 부처님께서 설하신 뜻
을 이해하기로는 마땅히 삼십이상으로는
여래를 볼 수 없사옵니다."

^{이 시 세존 이 설 게 언}
爾時_에世尊_이而說偈言_{하사대}

그때 세존께서 게송으로 이르셨다.

若以色見我_{커나}以音聲求我_{하면}
是人行邪道_라不能見如來_{니라}

색신으로써 나를 보려 하거나
음성으로써 나를 구하려 하면
이 사람은 삿된 도를 행함이라
능히 여래를 보지 못하느니라

無斷無滅分 무단무멸분 제이십칠

須菩提_야汝若作是念_{하대}如來ー不以具
足相故_로得阿耨多羅三藐三菩提_아須菩

리 막작시념 여래 불이구족상고
提야莫作是念ー如來ー不以具足相故로
득아뇩다라삼먁삼보리
得阿耨多羅三藐三菩提라하라

"수보리야, 네가 만약 '여래가 구족상을
쓰지 않은 까닭에 아뇩다라삼먁삼보리를
얻었다'는 생각을 하고 있다면, 수보리야,
'여래가 구족상을 쓰지 않은 까닭에 아뇩
다라삼먁삼보리를 얻었다'는 생각을 하지
말라.

수보리 여약작시념 발아뇩다라삼
須菩提야汝若作是念하대發阿耨多羅三
먁삼보리심자 설제법단멸 막작시
藐三菩提心者는說諸法斷滅가莫作是
념 하이고 발아뇩다라삼먁삼보리
念이니何以故오發阿耨多羅三藐三菩提
심자 어법 불설단멸상
心者는於法에不說斷滅相이니라

수보리야, 네가 만약 '아뇩다라삼먁삼보
리심을 발한 사람은 모든 법을 단멸(끊어서
없앰)을 말한다'는 생각을 하고 있다면, 그와 같

은 생각을 하여서는 아니된다. 왜냐하면 아뇩다라삼먁삼보리심을 발한 이는 법의 단멸상을 말하지 않기 때문이니라."

不受不貪分불수불탐분 제이십팔

須菩提야若菩薩이以滿恒河沙等世界七寶로持用布施라도若復有人이知一切法無我하야得成於忍하면此菩薩이勝前菩薩의所得功德이니何以故오須菩提以諸菩薩이不受福德故니라

　"수보리야, 만약 어떤 보살은 항하의 모래알과 같은 수많은 세계에 가득 찰 만큼의 칠보를 보시하고, 어떤 사람은 일체법이 무아임을 알아서 깨달음을 얻었다면, 이 보살이 얻는 공덕이 앞의 보살이 얻는 공덕보다 수승하니라. 왜냐하면 수보리야, 보살

들은 복덕을 받지 않기 때문이니라."

須菩提-白佛言하사대

　　수보리가 부처님께 아뢰었다.

世尊하 云何菩薩이 不受福德이닛고

　　"세존이시여, 어찌하여 보살은 복덕을 받
지 않는다고 하시나이까?"

須菩提야 菩薩의 所作福德은 不應貪着일새
是故로 説-不受福德이니라

　　"수보리야, 보살은 지은 복덕에 대해 탐
착을 하지 않기 때문에 복덕을 받지 않는
다고 설하느니라."

威儀寂靜分위의적정분 제이십구

須菩提야 若有人이 言하대 如來-若來若去
若坐若臥라하면 是人은 不解我-所説義니 何

^{이 고} ^{여 래 자} ^{무 소 종 래} ^{역 무 소 거}
以故오如來者는無所從來며亦無所去일새
^{고 명 여 래}
故名如來니라

　"수보리야, 만약 어떤 사람이 '여래는 오기도 하고 가기도 하고 앉기도 하고 눕기도 한다'고 말한다면, 이 사람은 내가 설한 바 뜻을 알지 못함이니라. 왜냐하면 여래는 어디에서 오는 바도 없고, 어디로 가는 바도 없으므로 여래라고 이름하기 때문이니라."

一合理相分일합이상분　제삼십

^{수 보 리} ^{약 선 남 자 선 여 인} ^{이 삼 천 대 천}
須菩提야若善男子善女人이以三千大千
^{세 계} ^{쇄 위 미 진} ^{어 의 운 하} ^{시 미 진}
世界로碎爲微塵하면於意云何오是微塵
^중 ^{영 위 다 부}
衆이寧爲多不아

　"수보리야, 만약 선남자선여인이 삼천대

천세계를 부수어서 작은 티끌로 만들었다
면, 네 생각은 어떠하냐? 이 작은 티끌들이
많다고 하겠느냐?"

須菩提言하되甚多니이다 世尊하 何以故오若是
微塵衆이實有者인댄佛이卽不說是微塵衆이니
所以者何오佛說微塵衆이卽非微塵衆일새
是名微塵衆이니이다

　　수보리가 아뢰었다.
　　"매우 많겠나이다, 세존이시여. 왜냐하면
만약 이 작은 티끌들이 실로 있는 것이라면
부처님께서는 곧 '작은 티끌들'이라고 설하
시지 않았을 것이기 때문입니다.
　　그 까닭은 부처님께서 설하시는 작은 티
끌들은 곧 작은 티끌들이 아니라, 그 이름
이 작은 티끌들이기 때문입니다.

世尊_하 如來ㅣ 所説三千大千世界_가 卽非
世界_{일새} 是名世界_니 何以故_오 若世界ㅣ 實
有者_{인댄} 卽是一合相_{이어니와} 如來説一合相_은
卽非一合相_{일새} 是名一合相_{이니이다}

　　세존이시여, 여래께서 설하신 삼천대천
세계도 곧 세계가 아니라 그 이름이 세계일
뿐이옵니다. 왜냐하면 만약 세계가 실로 있
는 것이라면 곧 그것을 일합상(한 덩어리)이라고
할 것이오나, 여래께서 설하신 일합상은 곧
일합상이 아니라 그 이름이 일합상이기 때
문입니다."

須菩提_야 一合相者_는 卽是不可説_{이어늘} 但
凡夫之人_이 貪着其事_{니라}

　　"수보리야, 일합상은 가히 말로써 표현
할 수 없는 것이건만, 범부들은 그 일에 탐

착을 하느니라."

知見不生分지견불생분 제삼십일

須菩提야若人이言 - 佛説我見人見衆生
見壽者見이라하면 須菩提야於意云何오是
人이解我所説義不아

"수보리야, 만약 어떤 사람이 '부처님께
서 아견·인견·중생견·수자견을 설하셨
다'고 한다면, 수보리야, 네 생각은 어떠하
냐? 이 사람이 내가 설한 뜻을 안다고 하
겠느냐?"

不也니이다世尊하是人은不解如來所説義니
何以故오世尊이説我見人見衆生見壽者
見은卽非我見人見衆生見壽者見일새是
名我見人見衆生見壽者見이니이다

　　"아니옵니다. 세존이시여, 이 사람은 여래께서 설하신 뜻을 이해하지 못하는 것이옵니다. 왜냐하면 세존께서 설하신 아견·인견·중생견·수자견은 곧 아견·인견·중생견·수자견이 아니라 그 이름이 아견·인견·중생견·수자견이기 때문입니다."

　　"수보리야, 아뇩다라삼먁삼보리의 마음을 일으킨 사람은 일체법을 마땅히 이와 같이 알고 이와 같이 보고 이와 같이 믿고 이해하여 법상을 내지 말아야 하느니라.

수보리야, 여래는 이른바 법상에 대해 곧
법상이 아니라 그 이름이 법상이라고 설하
느니라."

應化非眞分응화비진분 제삼십이

須菩提야 若有人이 以滿無量阿僧祇世
界一七寶로 持用布施라도 若有善男子善
女人이 發菩薩心者一持於此經하야 乃至
四句偈等을 受持讀誦하며 爲人演說하는 其福이
勝彼하리니

"수보리야, 만약 어떤 사람이 한량없는
아승지 세계에 가득 찰 만큼의 칠보로써
보시를 하고, 어떤 선남자선여인이 보살심
을 발하여 이 경이나 이 경의 사구게 등을
수지하고 독송하고 다른 이를 위해 설하여
주면, 그 복은 앞의 복보다 더욱 수승하니

라. 어떻게 다른 이를 위해 연설하여 줄 것
인가?

_{운 하 위 인 연 설 불 취 어 상 여 여 부}
云何爲人演説고 不取於相하고 如如不
_{동 하 이 고}
動하라 何以故오

상을 취하지 않고 여여부동할지니라.
무슨 까닭인가?

_{일 체 유 위 법 여 몽 환 포 영}
一切有爲法이 如夢幻泡影하며
_{여 로 역 여 전 응 작 여 시 관}
如露亦如電이라 應作如是觀이니라

일체의 유위법은
꿈·환상·물거품·그림자와 같고
이슬과 같고 번개와 같나니
마땅히 이와 같이 관할지니라."

_{불 설 시 경 이 장 로 수 보 리 급 제 비 구}
佛説是經已하시니 長老須菩提와 及諸比丘
_{비 구 니 우 바 새 우 바 이 일 체 세 간 천}
比丘尼와 優婆塞優婆夷와 一切世間一天

　부처님께서 이 경을 설하여 마치시니, 장로 수보리와, 비구·비구니·우바새·우바이들과, 일체 세간의 천인·인간·아수라 등이 부처님께서 설하신 말씀을 듣고 모두 크게 환희하여, 믿고 간직하고 받들어 행하였다.